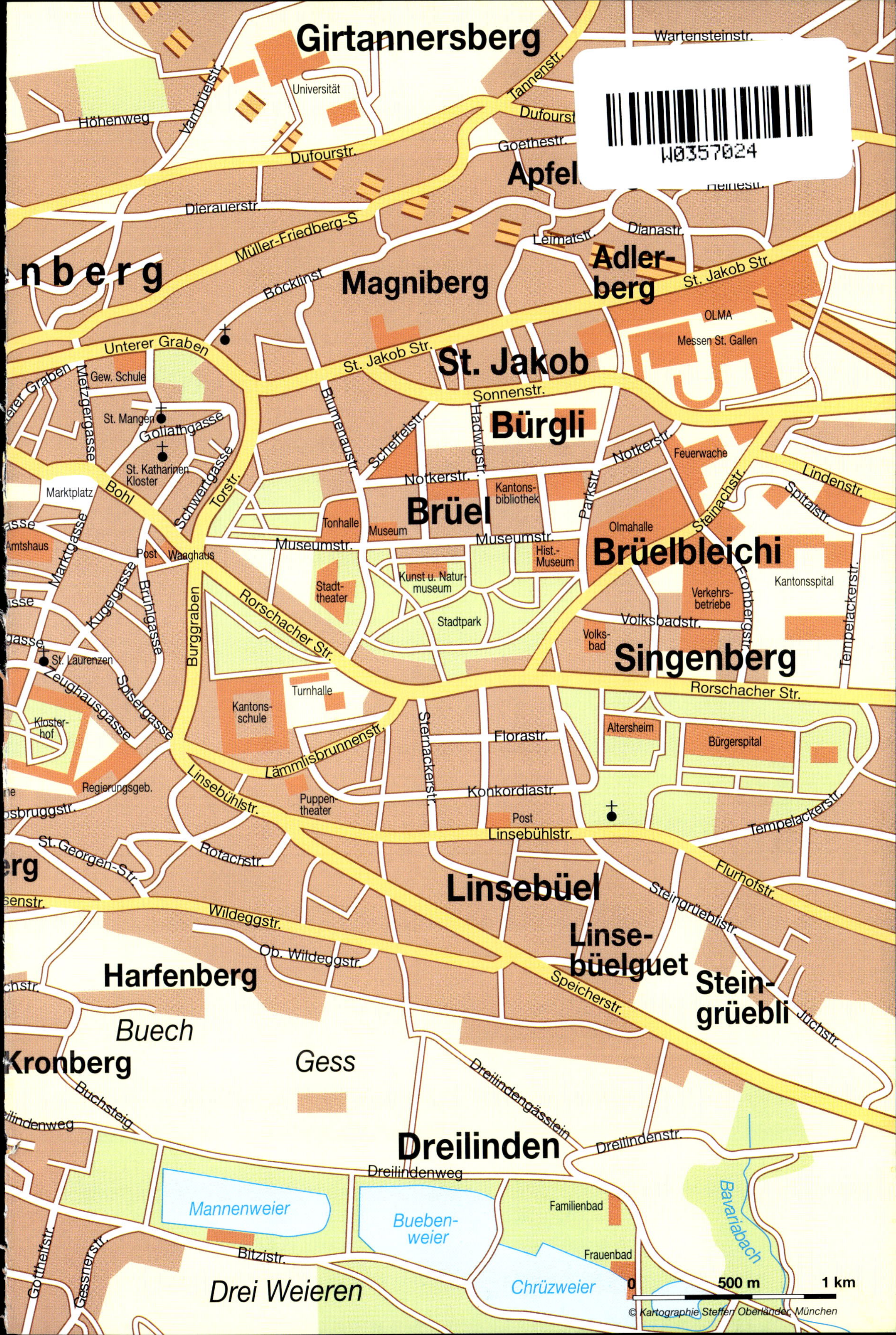
Girtannersberg
Wartensteinstr.
Universität
Tannenstr.
Dufourstr.
Höhenweg
Yamburstr.
Dufourstr.
Goethestr.
Apfel
Heinestr.
Dierauerstr.
Müller-Friedberg-S
Leimatstr.
Dianastr.
nberg
Adler-
berg
St. Jakob Str.
Böcklinstr.
Magniberg
OLMA
Messen St. Gallen
Unterer Graben
St. Jakob Str.
St. Jakob
Gew. Schule
Metzgergasse
Sonnenstr.
St. Mangen
Gallusgasse
Scheffelstr.
Hadwigstr.
Bürgli
St. Katharinen
Kloster
Schwertgasse
Notkerstr.
Notkerstr.
Feuerwache
Marktplatz
Bohl
Torstr.
Kantons-
bibliothek
Parkstr.
Lindenstr.
Spitalstr.
Brüel
Steinachstr.
Tonhalle
Museum
Olmahalle
Amtshaus
Marktgasse
Museumstr.
Museumstr.
Hist.-
Museum
Brüelbleichi
Post
Waaghaus
Kunst u. Natur-
museum
Stadt-
theater
Frohbergstr.
Kantonsspital
Kugelgasse
Brühlgasse
Burggraben
Rorschacher Str.
Stadtpark
Verkehrs-
betriebe
Volksbadstr.
Tempelackerstr.
Volks-
bad
St. Laurenzen
Singenberg
Spisergasse
Zeughausgasse
Turnhalle
Rorschacher Str.
Kantons-
schule
Kloster-
hof
Steinackerstr.
Altersheim
Florastr.
Bürgerspital
Lämmlisbrunnenstr.
Regierungsgeb.
Linsebühlstr.
Puppen-
theater
Konkordiastr.
Post
Tempelackerstr.
Linsebühlstr.
St. Georgen-Str.
Rotachstr.
Flurhofstr.
erg
Linsebüel
Steingrüeblistr.
senstr.
Wildeggstr.
Linse-
büelguet
Ob. Wildeggstr.
Harfenberg
Stein-
grüebli
Speicherstr.
Jüchstr.
Buech
Kronberg
Gess
Dreilindengässlein
Buchsteig
ilindenweg
Dreilinden
Dreilindenstr.
Dreilindenweg
Bavariabach
Mannenweier
Bueben-
weier
Familienbad
Frauenbad
Bitzistr.
Gottfriedstr.
Gessnerstr.
Drei Weieren
Chrüzweier
0
500 m
1 km
© Kartographie Steffen Oberländer, München

Stürtz REGIO

ST. GALLEN

Texte von
Richard Butz

Bilder von
Christian Heeb

Cover oben: St. Gallens Altstadt mit typischen Fachwerkhäusern. Cover Mitte: Dieser Erker schmückt ein Haus am Gallusplatz. Cover unten: Die Türme der Barock-Kathedrale des St. Galler Stifts. Unten rechts: In der Stiftsbibliothek – Hüterin vieler Kostbarkeiten.

Bild Seite 4/5: Der Stiftsbezirk – 1983 von der UNESCO zum Weltkulturgut erklärt.

Bild Seite 8/9: St. Gallen liegt eingebettet in grüne Hügel auf über 600 Meter Höhe zwischen Bodensee und Alpstein.

Rückseite: Blick über St. Gallen auf den Bodensee.

Die Autoren:

Richard Butz, geboren 1943 in St. Gallen, arbeitet als Buchhändler und seit 1966 auch als freier Journalist und Publizist in St. Gallen. Seine Beiträge erscheinen in Zeitungen, Zeitschriften und im Radio.
Er ist Mitherausgeber der St. Galler Literaturzeitschrift »NOISMA« und verschiedener Bücher über St. Gallen und andere Themen.

Christian Heeb, Jahrgang 1962, ist einer der erfolgreichsten Schweizer Reisefotografen. International hat er über 50 Bildbände veröffentlicht, darunter ausführliche Ländermonografien zu den USA, Südafrika und Frankreich. Er lebt in der Nähe von Bend, Oregon (USA) und in St. Gallen (Schweiz). In der Reihe Stürtz REGIO sind von ihm außerdem »Wien« und »Zürich« erschienen.

Impressum

Bildnachweis:
Ralph Ribi, St. Gallen: S. 54, 55.
Archiv des Stürtz Verlags: S. 22 links oben (älteste Ansicht der Stadt St. Gallen nach einem Plan von 1596), S. 23 unten, S. 59 rechts oben (Stich von Johannes Hädener, 1789, Prospect der Stadtmüllen zu St. Gallen).

Die Deutsche Bibliothek – CIP-Einheitsaufnahme
St. Gallen / Christian Heeb (Fotogr.),
Richard Butz (Autor). –
Würzburg: Stürtz 1998.
ISBN 3-8003-1200-X / Hardcover
ISBN 3-8003-1201-8 / Softcover

Lektorat: Sabine Fels, Renningen
Buchgestaltung: Förster Illustration & Grafik, Rimpar
Karte: Steffen Oberländer, München
Repro: Universitätsdruckerei H. Stürtz AG, Würzburg
Druck und Verarbeitung:
Universitätsdruckerei H. Stürtz AG, Würzburg

ISBN 3-8003-1200-X / Hardcover
ISBN 3-8003-1201-8 / Softcover

INHALT

ZWISCHEN BODENSEE UND SÄNTIS

Nach St. Gallen fand selbst der irische Mönch Gallus nicht allein. Auf der Suche nach einem Standort für eine Einsiedelei begleitete ihn der Arboner Dekan Hiltibod. Noch heute mag es den Fremden erstaunen, in diesem rauhen Hochtal eine Stadt zu finden.

Meditative Ruhe unter den Türmen der 1767 vollendeten Klosterkirche.

Die höchstgelegene Schweizer Stadt ist eingerahmt von grünen Hügeln

und wirbt zu Recht mit dem Slogan »Stadt im grünen Ring«. Von Wcsten her ist St. Gallen nur über hohe Brücken zu erreichen, die klassische Zufahrt aber, so der St. Galler Schriftsteller Hans Rudolf Hilty, führt den Reisenden von der anderen Seite her: »Vom silbernen Spiegel des Bodensees durch die Obstgärten des Thurgaus empor zur Stadt am Eingangstor ins Appenzellerland, von weitem gesehen am Fuße des Säntis«.

Der Bodensee ist als Tor zu St. Gallen eng mit der Geschichte der Stadt verbunden.

Gründer Gallus hatte sicher nicht die Absicht, seine 612 eingerichtete Einsiedelei bekannt zu machen. Dennoch entwickelten sich aus der einsamen Mönchszelle ein Benediktinerkloster

und eine Stadt mit Kontakten in alle Welt.

Doch zunächst war es das 719 gegründete Kloster, das europäische Geschichte mitschrieb: St. Galler Äbte standen im Dienste des deutschen Kaisers und pflegten von Anfang an Wissenschaften und Buchkunst. Heute beherbergt die Stiftsbibliothek eine bedeutende Sammlung früher Drucke und Handschriften, die den hohen Rang St. Galler Schriftkunst belegen. Doch schon in der zweiten Hälfte des 11. Jahrhunderts begann der langsame Niedergang des Klosters. 1457 trennten sich Kloster und Stadt endgültig, und während der Reformation trat St. Gallen zum protestantischen Glauben über. 1567 wurde diese Trennung durch den Bau einer Schiedmauer unterstrichen, die heute noch teilweise erhalten ist. Den letzten Höhepunkt in der klösterlichen Entwicklung setzte im 18. Jahrhundert der Bau der heutigen Kathedrale, des Klosters, der Stiftsbibliothek und der äbtischen Residenz. Abwenden aber konnten die Äbte den Niedergang nicht: Die Stürme der französischen Revolution führten 1805 – nach fast zwölfhundert Jahren wechselvoller Geschichte – zur Auflösung der klösterlichen Gemeinschaft und zur Aufteilung des Klostervermögens.

Ganz anders die Stadt. Sie blickt zu Beginn des 19. Jahrhunderts auf einen fast 900 Jahre währenden Aufschwung zurück und schickt sich an, ihr Gesicht gründlich zu verändern. Stadtmauern und Stadttore werden niedergerissen, die engen Gassen weichen breiten Straßen. Schritt für Schritt wird St. Gallen zu einer Stadt des Jugendstils: weltläufig und dem schönen Schein huldigend. Auslöser für diesen Aufschwung ist die Textilindustrie, die St. Gallen wirtschaftlich schon seit dem 15. Jahrhundert prägte. Bald schon war die Stadtrepublik im Bodenseeraum führend in der Produktion und im Vertrieb von Leinwand geworden.

In ganz Europa schätzte man die Qualität des St. Galler Tuchs,

und es wurde im 16. und 17. Jahrhundert zu einem wichtigen Exportartikel.

Mit der Umstellung auf die Verarbeitung von Baumwolle versuchten St. Galler Industriepioniere zu Beginn des 18. Jahrhunderts den Niedergang der Leinwandindustrie aufzuhalten. Dafür war man bereit, einen entscheidenden Schritt zu wagen: Als erste Fabrik der Schweiz entstand in den inzwischen leer stehenden Räumen des St. Galler Klosters eine maschinenbetriebene Spinnerei zur Baumwollverarbeitung.

Die Bibliothek des Klosters, dem Kern der Stadtentwicklung. Die letzte große Blüte erlebte St. Gallen durch die Stickereiindustrie zu Beginn des 20. Jahrhunderts. Jugendstilbauten wie dieses ehemalige Geschäftshaus in der Nähe des Bahnhofs (rechts) zeugen noch heute davon.

Im Textilmuseum sind historische Spitzen, Stickereien und Gewebe zu bewundern (unten),

das Historische Museum (Mitte) dokumentiert die Entwicklung der St. Galler Textilindustrie. In der Umgebung des Bahnhofs (rechts) produzierten die Stickereifabrikanten und handelten in prächtigen Geschäftshäuser wie dem »Oceanic« (rechts unten).

Trotz aller Innovationsbereitschaft war es aber nicht die Tuchproduktion, die das Gesicht der Stadt nachhaltig prägte, sondern die Stickerei. Was zunächst in Heim- und Hand-

arbeit begann, wurde bis zur Mitte des 19. Jahrhunderts mechanisiert und bescherte der Stadt bis zum Ausbruch des Ersten Weltkriegs einen rasanten wirtschaftlichen Aufschwung und eine Zeit der Blüte und Prosperität. Waren es früher Leinen- und Baumwollballen gewesen, die von St. Gallen ihren Weg in die europäischen Nachbarländer nahmen, so ist es nun die kostbare Stickerei, die den hohen Standard alpenländischer Produktion belegt. Diese Blüte hat die alte Stadt nicht nur vergrößert, sondern ihr auch einen besonderen Glanz, einen »Zug ins Große«, verliehen. Franz Kafka hält 1914 auf seiner Durchreise im Tagebuch »den Eindruck aufrechter, selbständiger Häuser in Gallen ohne Gassenbildung« fest.

St. Gallen ist keine Stadt des Mittelalters. Nur der Stiftsbezirk und vereinzelte Wohnhäuser vermitteln noch heute einen Eindruck davon, wie die Stadt vor dem 19. Jahrhundert aussah. Der moderne Geist der damaligen Zeit hat gründlich aufgeräumt mit Stadttoren, Mauern und Prunkbauten. Sie haben dem Jugendstil weichen müssen, der das Bild des modernen St. Gallen bestimmt.

Dem Zeitgeschmack entsprechend entstanden um die Jahrhundertwende nicht nur die Stickereivillen am Stadtrand im Jugendstil, sondern auch öffentliche Gebäude wie Schulen, Bibliothek, Museum oder der noch heute imposant wirkende Bahnhof mit seiner großzügigen Schalterhalle.

Gleich hinter dem Bahnhof beginnt das ehemalige Stickereiviertel

mit seinen stolzen, jetzt anders genutzten Geschäftshäusern. Berlin habe einen Warenhausstil geschaffen, St. Gallen dagegen den Typus des modernen Geschäftshauses, so der Architekt und Chronist Salomon Schlatter 1912. Klangvolle Namen wie *Oceanic* oder *Pacific* belegen noch heute die einstige Weltläufigkeit, und im Schmuck der Fassaden spiegelt sich der Geschmack der damaligen Zeit:

Wohin man schaut, entdeckt man reich verzierte Türen, Erker und Balkone,

großzügige Dächer und Giebel, farbige Verglasungen und reich verzierte Gitter und Geländer. Sie sind Zeugen eines Traumes, »der die

hereinbrechende Maschinenwelt mit der Naturschönheit versöhnen wollte, ein hoffnungsloser Traum, wie wir wissen, aber ein Traum von großer Magie« (Jost Kirchgraber, Kunsthistoriker).

Mit dem Segen des »weißen Goldes« war es zu Beginn des Ersten Weltkriegs vorbei. In der Zeit zwischen den beiden Weltkriegen geriet die Stickereiindustrie in eine immer tiefere Krise, von der sie sich nie wieder erholen konnte. Die Träume von Groß-St. Gallen waren ausgeträumt. Fritz René Allemann beschreibt in seinem Schweizer Reisebuch die Stimmung dieser Zeit sehr eindrücklich: »Bis in die ersten Jahre nach dem Zweiten Weltkrieg hinein lag die entnervende und deprimierende Atmosphäre von Stillstand und Nie-

In den Erkern lässt sich das Gassenleben aus der Höhe ungesehen beobachten, ob in der Multergasse (links oben) oder in der Spisergasse (rechts): das Treiben in den beiden beliebten Geschäftsstraßen oder in den Straßenlokalen, von denen St. Gallen im Sommer voll ist. Links unten: das Restaurant Splügen in der St. Georgenstraße.

dergang wie ein Alpdruck über den Straßen. Die Stadt schien zum Armenasyl geworden…«

Nur langsam konnte sich die einstige Textilstadt erholen. Heute ist sie zu einem Dienstleistungszentrum geworden. Neben den besten Zeugnissen des Jugendstils, die sorgsam renoviert wurden, gibt es

interessante Beispiele für eine neue Architektur

zu entdecken: das Stadttheater etwa mit seiner raumplastischen Architektur (1964 – 68) oder die ständig erweiterte Universität St. Gallen, in der sich Kunst und Architektur zu einem Gesamtkunstwerk verbinden.

Der Wandel der Zeiten ist hier abzulesen: das moderne Stadttheater (links), die Universität (Mitte) und die verträumte Altstadt auf der Magnihalde (rechts). Das Karlstor (unten) ist das einzige erhaltene Stadttor, das den Äbten zum Verlassen des Stiftbezirks diente.

Was noch vom alten St. Gallen übrig ist, wird gepflegt und gehütet. Dies gilt vor allem für den Stiftsbezirk, dem Hauptanziehungspunkt für Besucher. Die Kathedrale, der Klosterplatz, die Gebäude der ehemaligen Abtei, das Karlstor und der von Riegelhäusern umsäumte Gallusplatz bilden ein eindrückliches Ensemble. Dazu die schmucken Erker, für die St. Gallen heute berühmt ist, und einzelne besonders schön restaurierte Häuser in den umliegenden Gassen und der nördlichen Altstadt. Hier – und im Stadtpark – ist die Stadt wohl am verträumtesten.

Zum Träumen regt auch die Umgebung an.

St. Gallen nimmt geografisch eine Mittlerfunktion zwischen Bodensee und Alpstein mit Säntis ein. Auch historisch bestanden enge Beziehungen: Stadtrepublik und Kloster waren immer, oft recht kriegerisch, mit den Geschicken des Appenzellerlands und dem Bodensee verbunden. Inzwischen sind aus den einstigen

Untertanen längst freie Bürger und Bürgerinnen geworden, die in eigenständigen Gemeinden und Kantonen leben. Heute ist auch fast nichts mehr zu spüren von dem bis ins 20. Jahrhundert hinein dauernden Kulturkampf zwischen Katholiken und Reformierten, der in Stadt und Kanton St. Gallen besonders heftig geführt wurde. Die Christkatholiken bauten bereits 1895 ein ehemaliges Konzerthaus in eine Kirche um, die ebenfalls noch bestehende Israelitische Kultusgemeinde errichtete 1880/81 eine Synagoge im maurisch-byzantinischen Stil. Das Bild der Stadt hat sich aufgehellt, sie ist multikulturell geworden und nach dem durch die Stickereikrise erzwungenen Umbruch schließlich doch noch im 20. Jahrhundert angekommen.

Den St. Gallern haben es die Lage ihrer Stadt und das eher rauhe Klima nie leicht gemacht. Es regnet oft,

die Winter sind lang, und einzig der häufig auftretende Föhn wirkt mildernd.

Nur mit Tüchtigkeit, Fleiß und Regsamkeit war und ist hier etwas zu erreichen. Die Einwohner dieser Stadt gelten deshalb als bodenständig, wenig festfreudig und ziemlich hartnäckig im Verfolgen ihrer Ziele. Aber es gibt auch Gegenbeispiele. In St. Gallen findet seit über 20 Jahren alljährlich im Juni unter den Sitterbrücken ein riesiges Open-Air-Festival statt, und in lauen Nächten sind die jungen St. Galler und St. Gallerinnen genauso unterwegs

Über die Dächer der Zeughausgasse schweift der Blick auf die umliegenden bewaldeten Hügel St. Gallens, das sich gern als »Stadt im Grünen Ring« preist.

In der Tonhalle, 1906 in fast barocker Üppigkeit gebaut, ertönt klassische Musik, aber auch Jazz, Pop und Rock-Musik.

wie ihre Altersgenossen in anderen Schweizer Städten. Die Gallusstadt wartet zudem mit einem reichen kulturellen Angebot auf: einem Stadttheater mit eigenem Ensemble (Schauspiel, Oper, Operette und Ballett); dem Sinfonieorchester, das regelmäßig

in der stilgerecht renovierten Jugendstil-Tonhalle

auftritt; einem Puppentheater (dem ersten in der Schweiz) und der Kellerbühne, einem eigenwilligen Kleintheater. Dies alles sind Beispiele für das rege kulturelle Leben in der Stadt. Es wird bereichert durch eine lebendige alternative Kulturszene, deren Zentrum die Grabenhalle ist, sowie rund 30 Galerien. Eine von ihnen, die Erker-Galerie, hat sich weit über die Landesgrenzen hinaus einen Namen gemacht.

Auch die Museen der Stadt können sich sehen lassen. Schon 1877 eröffnete St. Gallen ein Kunstmuseum, das auch eine Sammlung von Appenzeller Bauernmalerei besitzt. Später folgte das Historische Museum mit einer reichhaltigen Sammlung an bäuerlichen Gerätschaften und Hausrat. Im gleichen Haus befindet sich auch eine völkerkundliche Abteilung.

Disco im »Ozon«, Avantgarde in der Kunsthalle und gewagtes Kunsthandwerk (von links nach rechts).

Für die eigenen Kulturschaffenden war die Stadt lange Zeit wenig attraktiv. Wer sich national oder gar international einen Namen machen wollte, musste bis in die siebziger Jahre hinein St. Gallen den Rücken kehren. Dies gilt etwa für den Schriftsteller und Publizisten Hans Rudolf Hilty (1925 – 1994) oder den streitbaren und wortgewaltigen Publizisten und Dichter Niklaus Meienberg (1940 – 1993). Er hat die Stadt seiner Jugend, von der er innerlich nie ganz loskam, oft verspottet, sie gar als eine

»heimatlich gebleichte kreuzbleich schielende Mumie«

beschimpft. Dennoch hat die Stadt ihren wohl schärfsten Kritiker mit dem Großen Kulturpreis geehrt. Meienberg hat zeitlebens den St. Galler Dialekt nie abgelegt. Dieser kommt mit seinen hellen und spitzen Vokalen dem Hochdeutschen recht nahe. Die St. Galler seien

bekannt für ihren klugen Kopf und ihre spitzige Zunge, notierte der schwedische Literatur-Nobelpreisträger Eyvind Johnson (1900 – 1976) in seinen »Notizen aus der Schweiz« (1976) und lobte die Stimmung eines Sommerabends

»in einer Stadt zwischen weit entfernten Bergen«.

So verteilen sich Tadel und Lob für diese Stadt. St. Gallens Stärke und Charme liegen im harmonischen Zusammenwirken von Altstadt und Stiftsbezirk, Jugendstil, kulturellem Angebot und grüner Umgebung. In dieser Stadt lässt es sich verweilen und gut leben. ■

Von den noch weitgehend unverbauten Hügeln herab wetteifert von Frühling bis Herbst das Bimmeln von Kuhglocken mit dem aufsteigenden Verkehrslärm. Eintauchen in eine stillere Zeit kann man im Historischen Museum, wo auch diese Möbelmalerei (unten links) zu bewundern ist.

ECCE EGO
VOBISCUM SUM.

SS.

Vorherige Doppelseite: Der Saal der Stiftsbibliothek gilt als der schönste Rokoko-Raum der Schweiz.

Mächtig recken sich die Doppeltürme der Stiftskirche gen Himmel. Der barocke Innenraum der Kathedrale ist ein wahres Fest fürs Auge. Mit ihrem überraschend farbig gedeckten Steildach behauptet sich die reformierte Stadtkirche St. Laurenzen gleich nebenan.

150
AUF DEM WEG IN DIE ZUKUNFT

WO GALLUS IN DIE DORNEN FIEL

Das inzwischen erschlossene Alpsteingebiet erinnert heute kaum noch an jene Urwaldlandschaft, vor der Hiltibold den heiligen Gallus warnte.

»Diese Einöde ist rauh und nass, hat hohe Berge und enge Täler und vielfaches Wildtier, massenhaft Bären sowie Herden von Wölfen und Wildschweinen.« So warnt der Diakon Hiltibod seinen Freund Gallus, als dieser sich nach einem geeigneten Platz für eine Eremitenzelle

im Urwald hinter dem alten Kastell Arbon am Bodensee

erkundigt. Doch Gallus, mit seinem Lehrer Columban aus Irland gekommen, lässt sich nicht abschrecken. Gemeinsam mit Hiltibod dringt er zu einem kleinen Fluss, »Steinaha« (Steinach) genannt, vor, fällt hier in die Dornen, begegnet tatsächlich einem Bären und bleibt dennoch. Es ist das Jahr 612, der Beginn der Geschichte St. Gallens. Heute erinnert eine Bronzetafel am Fuße der immer noch wilden Mülenenschlucht an dieses historische Ereignis.

Das einzige Denkmal der Stadt ist dem Reformator, Stadtarzt und Bürgermeister Vadian (1484 – 1551) gewidmet.

Auf den irischen Mönch Gallus folgt gut 100 Jahre später der Alemanne Otmar. Er baut 719 das erste Galluskloster. Von König Pippin erhält er dafür das Regelbuch des heiligen Benedikts. Das Kloster wächst schnell und wird zu einer der bedeutendsten Stätten mittelalterlicher Kunst und Geisteskultur und zu einem Zentrum der kirchlichen und weltlichen Macht zwischen Alpstein und Bodensee.

Ein mächtiges Denkmal steht auf St. Gallens Marktplatz.

Es zeigt Vadian (1484 – 1551), mit richtigem Namen Joachim von Watt. Gleichsam prüfend blickt Vadian Richtung Klosterkirche und reformierter Stadtkirche St. Laurenzen. Unter der Führung dieses Humanisten, Stadtarztes und Bürgermeisters entscheidet sich die Stadt 1524 für die Reformation.

Die Stiftsbibliothek umfasst über 140 000 Handschriften, Frühdrucke und Bücher. Teile dieses Schatzes werden immer wieder in informativen Ausstellungen dem Publikum zugänglich gemacht. Die Intarsienschränke im Manuskriptenkabinett (unten Mitte) bergen etwa 2000 Handschriften.

Damit beginnt ein schwieriges Zusammenleben zwischen der immer noch mächtigen Fürstabtei und der reformierten Republik und Reichsstadt St. Gallen. Als Folge der Französischen Revolution bricht die Fürstabtei zusammen, 1805 wird das Klostervermögen aufgeteilt. In den einstigen Mönchszellen arbeiten heute Beamte, im ehemaligen Thronsaal tagt das kantonale Parlament. Dennoch ist der Stiftsbezirk ein Zentrum des Katholizismus geblieben. Im Hofflügel, der an die Kathedrale anschließt, residiert und arbeitet der Bischof des seit 1847 selbständigen Bistums St. Gallen. Die Stiftsbibliothek legt mit ihren 2000 Handschriften, 1650 frühen Drucken und einer rund 140 000 Bände umfassenden Büchersammlung noch heute beredtes Zeugnis ab von der Gelehrsamkeit und dem hohen Rang der Buchkunst, die in der Benediktinerabtei entwickelt wurde. In karolingischer Zeit erreichte das Galluskloster damit europäischen Rang. Die Stiftsbibliothek hütet mit dem um 790 geschriebenen Abrogans, einem Synonymenlexikon, das älteste deutschsprachige Buch.

Weltberühmt ist der St. Galler Klosterplan aus dem 9. Jahrhundert,

der nicht einen Vorgängerbau des heutigen Klosters zeigt, sondern den karolingischen Idealplan einer Klosteranlage. Der Prunkraum der Bibliothek, 1766 vollendet, ist heute neben der Kathedrale der eindrucksvollste Anziehungspunkt der Stadt. Die jetzige Kathedrale, gebaut zwischen 1755 und 1767 nach den Plänen des Vorarlberger Baumeisters Peter Thumb, gilt als eine der schönsten spätbarocken Kirchenanlagen im Bodenseeraum. ■

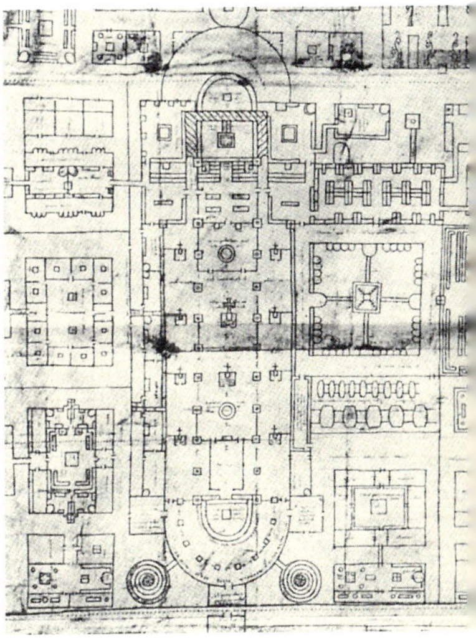

Der idealisierte Klosterplan aus dem 9. Jh. besteht aus vier zusammengenähten Pergamenten (Norden ist links).

Vorherige Doppelseite: Um St. Gallen lässt es sich ausgedehnt wandern. Immer wieder kommt dabei der Alpstein ins Blickfeld.

St. Laurenzen ist neben der Kathedrale die bedeutendste Kirche der Stadt. Bereits im 15. Jahrhundert stand an ihrer Stelle ein Gotteshaus.

Der heutige Bau wurde aber von 1850 bis 1854 völlig umgestaltet und in eine neugotische Basilika verwandelt. Mit der Einführung der Reformation wurde St. Laurenzen zur Hauptkirche der Reformierten. Es lohnt sich, den Turm zu besteigen. In der luftigen Höhe werden die Ausdehnung der Stadt, aber auch ihre Enge, eingezwängt zwischen zwei Hügelzügen, besonders deutlich. Der eher schlichte Innenraum der Kirche eignet sich wegen seiner guten Akustik besonders gut für Chorkonzerte, die regelmäßig hier stattfinden.

Meister

Vorherige Doppelseite: Das Bild der Altstadt ist geprägt von Fachwerkhäusern, Giebeln, Dachgärten und Erker.

Wenn die Sonne scheint, laden idyllische Winkel und malerische Häuserzeilen in der nördlichen Altstadt (oben und unten) oder rund um den Stiftsbezirk (oben rechts) zum Verweilen und Träumen ein.

Die ausladenden Dachluken vieler alter Häusern verraten etwas über die Geologie der Stadt: Der sumpfige Untergrund verhinderte oft die Anlage von trockenen Kellern. Holz wurde darum gern im Dach gelagert. Mit Flaschenzügen hievte man es zu den Giebeln hoch.

BÜRGERSTOLZ – ST. GALLENS ERKER

Rechts oben: der Erker am Haus »Zum Greif«, darunter der »Pelikan«-Erker.

Der Geist des 19. Jahrhunderts, der das Alte oft allzu leichten Herzens einer Neuerung opferte, hat in St. Gallen nur wenige architektonische Erinnerungen an die frühere Stadt übrig gelassen. Weit gehend intakt erhalten geblieben ist lediglich der Stiftsbezirk, der jedoch nicht zur eigentlichen Stadt gehörte. Rathaus, Kornhaus, Tore und Türme sind verschwunden. An alten Gebäuden finden sich noch einige stattliche Wohnhäuser, das Waaghaus am Bohl und die Kirchen St. Laurenzen, St. Katharinen und St. Mangen sowie das ehemalige St. Katharinenkloster am Marktplatz mit dem stimmungsvollen gotischen Kreuzgang.

Der »Kamel«-Erker

Zu den architektonischen Schmuckstücken gehören als eine St. Galler Besonderheit die vielen Erker, die vor allem im 17. Jahrhundert außerordentlich beliebt waren und noch

heute viele Gebäude der Stadt bereichern.

Bis zur Mitte des 16. Jahrhunderts dienten Erker allein der Verteidigung

und kamen nur an Wehrbauten vor. Hundert Jahre später entdeckten die Bürger der Stadt die Erker als willkommene Möglichkeit, mehr Licht in ihre Wohnräume zu bringen und zugleich den eigenen Wohlstand nach außen sichtbar werden zu lassen. Wer etwas auf sich hielt, baute

an – das Ergebnis ist noch heute in der ganzen Stadt zu bewundern.

Der Erker zum »Greif« (Gallusstraße) aus der zweiten Hälfte des 17. Jahrhunderts ist

mit Holzschnitzereien nach alttestamentarischen Themen

geschmückt, der »Pelikan«-Erker (um 1708, Schmiedgasse) zeigt in Reliefschnitzereien die vier Erdteile (ohne Australien), der »Kamel«-Erker (um 1720, Spisergasse) weist reiches Reliefschnitzwerk im Knorpelstil auf, während den »Schwanen«-Erker (um 1690, Kugelgasse) antike Bildmotive rund um das Thema Wasser zieren. In der gleichen Gasse zeigt ein weiterer Erker (»Kugel«, um 1690) eine Erdkugel zwischen Pilger und Imperator, um Gerechtigkeit geht es beim gleichnamigen Erker (um 1700) an der Spisergasse. Dies sind sechs von zwölf besonders sehenswerten Erkern in der Innenstadt, die allesamt beim Flanieren durch die engen Gassen ohne große Mühen zu entdecken sind.

Längst nicht alle Erker sind gerettet worden.

Seit 1860 verschwanden über 30 von ihnen aus dem Bild der Altstadt. Einige lagern in Depots und tauchen möglicherweise eines Tages wieder auf. Vielleicht nicht zuletzt dank einer Bankanstalt, die seit 1984 alljährlich einen Preis für renovierte Erker ausrichtet ■

Auf der südlichen Seitenwange des Erkers zum »Greif« (links oben) ringt Jakob mit dem Engel (1. Moses 32).

Die Fratzen an vielen Erkern wie an dem »Zur Kugel« (oben), sind uralte Abwehrsymbole. Detail eines Prachterkers in der Kugelgasse: am Haus »Zum Schwanen« (oben links).

Der Holzerker mit den Engelsköpfen (oben), von 1672, ist am Gallusplatz zu bewundern.

In den engen Gassen der Innenstadt ist der Pulsschlag der »kleinen Stadt« am besten zu spüren. Bunte Flaggen, von Markisen und Schirmen überdachte Straßencafés und Verkaufsauslagen geben der Spisergasse ein schon fast südländisches Gepräge.

Links: Diese Erker-Variante findet sich am Gallusplatz (unten). »Getragen« wird der Ausbau von einer kräftig wirkenden, nobel gekleideten Schnitzfigur.

Der Fachwerk-Runderker aus dem 17. Jahrhundert ziert ein Gasthaus am Gallusplatz.

Die Tonhalle, ein Prachtbau des Jugendstils, wurde 1993 als Kultur- und Kongresszentrum neu eröffnet. Bei der Renovierung wurde ein Restaurant angebaut, das sich als luftige Loggia aus Eisenträgern und Glas harmonisch in das Gesamtbild einfügt.

Jugendstil ist verspielt: Die zarte Schönheit (links unten) schmückt das Stickerei-Geschäftshaus »Oceanic« an der St. Leonhard-Straße.

Beim Haus »Zur Quelle« am Spisertor setzt sich das Dekor bis zu spitzen Fialen auf dem Giebel fort (links). Der »nutzlose« Turm (Mitte) krönt ebenfalls ein Haus am Spisertor. Und nicht einmal an den Fensterscheiben machte die Verzierungslust des Jugendstils Halt (rechts).

Schweizerischer Bankverein

Nächtliche Impressionen: Der Broderbrunnen von 1896 erinnert daran, dass ein Jahr zuvor sämtliche Haushaltungen mit einheitlichem Trinkwasser versorgt werden konnten (linke Seite). Bei der Laurenzenkirche ist noch ein Stück der Schiedmauer erhalten, die von 1567 an Kloster und Stadt trennte (links). Vom Spisertor, einem der alten Stadttore St. Gallens, existiert nur noch der Straßenname (unten).

GEMÜTLICHKEIT IM ERSTEN STOCK

Holzvertäfelungen und ein Kachelofen tragen zur Gemütlichkeit in der Erststockbeize »Bömmli« bei.

Gemütliche Ess- und Trinklokale heißen in St. Gallen »Beizen«. Das ist keine abwertende Bezeichnung, denn Beizen können durchaus auch Gastronomietempel sein. Eine St. Galler Spezialität sind die zahlreichen Erststockbeizen, die allesamt auf eine lange Tradition zurückblicken. Sie heißen

»Neubädli«, »Pöschtli«, »Änkerli«, »Schäfli« oder »Bömmli«

und tragen alle am Ende ihres Namens die Zuneigung verratcnde, typisch schweizerische Verkleinerungsform. Das »Bömmli« wartet mit einer gewölbten Holzdecke auf, im »Schäfli«, dem letzten erhaltenen Zunfthaus, ist die Decke schräg abgesunken, was den Gastraum ganz besonders gemütlich und romantisch macht. Das Phänomen »Erststockbeiz« verlangt nach einer Erklärung: Als Gallus seine Einsiedelei einrichtete, da dachte er nicht an die späteren St. Galler Bürger, die auf dem sumpfigen Baugrund der Region nur mit Mühe ihre Stadt errichten konnten, auf Keller verzichten mussten und ihre Häuser teilweise auf Holzpfählen errichteten. Die ebenerdigen Räumlichkeiten waren lichtarm und daher wenig einladend, und erst in den oberen Etagen ließ es sich leben. Dort richtete man die ersten Schenken ein. Zunächst in den Privatstuben und als Nebenbetrieb geführt, entwickelten sich daraus die typischen St. Galler Erststockbeizen.

Nicht nur hier, sondern auch in den ebenerdigen Lokalen lässt sich meist vorzüglich speisen. Nirgends in St. Gallen darf aber die Bratwurst auf der Speisekarte fehlen. Gastronomie- und Weinkenner Philipp Schwander beschreibt ihr Wesen fast poetisch: »Ihr edles, vorwiegend durch hochwertiges Kalbfleisch gespiesenes Weiß, ihre zarte und doch knusprige Haut,

ihr mild-würziger, anhaltend köstlicher Geschmack

prädestinieren sie zu einer kulinarischen Spezialität ersten Ranges.« Was eine gute Bratwurst ausmacht,

Am köstlichsten schmeckt die St. Galler Bratwurst mit einer knusprigen Rösti.

das wurde schon 1438 festgelegt, und seither versteht es sich von selbst, dass sie täglich frisch und ohne Konservierungsstoffe hergestellt wird. Ein allgemein gültiges Rezept aber gibt es natürlich nicht, und

jeder Metzger hütet sein eigenes als Geheimnis.

Soviel aber sei verraten: Die *moderne* St. Galler Kalbsbratwurst darf durchaus etwas Schweinefleisch enthalten, und Kalbfleisch, Hals- und Rückenspeck, Milch und Gewürze gehören zum Grundrezept. 110 Gramm bringt die Normalbratwurst auf die Waage. Wiegt sie mehr als das Doppelte, dann handelt es sich ohne Zweifel um eine Kinderfestbratwurst, denn bekanntlich ist an Festtagen der Hunger besonders groß. Senf gehört übrigens nach dem einstimmigen Urteil der Gastronomieexperten nicht zu einer echten St. Galler Kalbsbratwurst.

Jeder St. Galler Metzger ist stolz auf »seine« Bratwurst. Ganz ähnlich halten es die Konditoren mit dem Biber, einem Lebkuchen-Marzipan-Gebäck aus Honig, Zucker, Gewürzen und einer köstlichen Füllung aus Mandeln. Verziert mit dem St. Galler Bären und geschmackvoll verpackt, ist ein Biber aus St. Gallen ein ideales und lange haltbares Mitbringsel. Das Wort Biber stammt vermutlich vom Lateinischen »pigmentum« (Farbe und/oder Gewürze) und wurde im Mittelalter zu »bîmente«. Später entwickelte sich daraus schließlich »Biber«. ■

Die Weinstube »Bömmli« (links) in der Schmiedgasse ist eine typische Erststockbeize. Das Hefegebäck (Mitte) gibt es nur zum Schweizer Nationalfeiertag am 1. August, der echte St. Galler Biber (rechts) dagegen ist ganzjährig ein willkommenes Mitbringsel.

Die Textilindustrie ist aus der Gallusstadt bis auf wenige Reste verschwunden. Noch immer aber blüht das Handwerk – oft im Verborgenen, in kleinen Budiken, in Hinterhöfen oder im ersten Stock (rechts und unten).

Kunstvoll geschmiedete Aushänger locken in manche Läden, und wahre Spezialgeschäfte finden sich darunter: Unten, ein Blick in den Havanna-Raum des stadtbekannten, traditionsreichen Tabakhändlers Wellauer.

IOHANES SPEN
GLER DISER ZIT
ALS MAN DAS
CLOSTER REN
FIERTO
B MEISTER
16
85

St. Katharinen (links), ein ehemaliges, 1228 gestiftetes Frauenkloster, hütet als Kleinod einen gotischen Kreuzgang (links unten). Im Sommer finden hier Konzerte statt. Unten: Der würdige Brunnen zu Ehren des heiligen Gallus, des irischen Mönchs und Klostergründers, wurde erst in diesem Jahrhundert auf dem Gallusplatz errichtet. Im »Haus zur Wahrheit« in seinem Rücken dagegen war im Jahr 1531 vermutlich schon Paracelsus beim Bürgermeister zu Gast.

Musealer Reichtum: St. Galler Stickereien gehen noch immer in die ganze Welt. Musterbücher, Entwürfe und Beispiele sind im Textilmuseum zu sehen (unten). Zeitgenössische Kunst zeigt das Kunstmuseum in Wechselausstellungen (rechts). Wertvolle Stücke außereuropäischer Kunst, die Kaufleute von ihren Reisen mitbrachten, beherbergt heute das Völkerkunde-Museum (oben rechts). Das Historische Museum dokumentiert den Wohn- und Lebensstil früherer Generationen.

KUNST AUF DEM ROSENBERG

Hans Arps »Schalenbaum« vor der Universität.

Alberto Giacometti, Georges Braque, Alexander Calder, Etienne Hajdu oder Antoni Tàpies – das sind Namen, die üblicherweise in Museen anzutreffen sind. Nicht so in St. Gallen.

Um Werke dieser Künstler zu sehen, muss man kein Kunstmuseum besuchen,

sondern über Treppen und steile Straßen den Rosenberghang zur Universität St. Gallen, Hochschule für Wirtschafts-, Rechts- und Sozialwissenschaften (HSG), hinaufsteigen. Ihr Vorläufer, eine Handelsakademie, wurde 1898 gegründet.

Selbst die Zeitungsauswahl an der Universität wirkt ebenso künstlerisch wie die Architektur.

Die neue Anlage wurde 1963 eingeweiht, später folgten ein Bibliotheksbau und ein Weiterbildungszentrum. Über 4000 Studenten, davon rund ein Viertel aus dem Ausland, sind zur Zeit hier eingeschrieben.

Kunst sollte sich hier mit akademischem Leben und Arbeiten, mit Architektur und Umgebung verbinden: Dies war

das Konzept des Schweizer Architekten Walter M. Förderer,

der zusammen mit zwei mutigen Professoren und einer großen Zahl von Spendern das nötige Geld zur Realisierung des ungewöhnlichen Projekts aufbrachte. Die Liste der Künstlernamen, deren Werke in den Räumen der Universität und auf dem Gelände zu entdecken sind, liest sich wie ein Querschnitt durch das zeitgenössische Kunstschaffen: Alberto Giacomettis Stehende, ein Vogelmosaik von Georges Braque oder ein typisches Mobile von Alexander Calder sind nur drei Beispiele für die Vielzahl moderner Kunstwerke, die in den letzten Jahren angeschafft werden konnten. Die meisten sind frei zugänglich, die Türen zu den anderen Kunstwerken öffnen sich dem interessierten Besucher, wenn er sich an das Sekretariat wendet.

Insgesamt sind bis heute 29 Kunstwerke auf dem Universitätsgelände verteilt.

Das Gesamtkunstwerk »Universität St. Gallen« ist aber noch längst nicht abgeschlossen. Eine Kunstkommission ist zuständig, für die Anschaffung weitere Kunstwerke zu finden, die den »Genius loci« aufnehmen und gleichzeitig wichtige Positionen zeitgenössischer Kunst vertreten. Immer gelingt dies nicht. Die Idee, einen 125 m^3 großen weißen »Cube« von Sol LeWitt auf dem Universitätsgelände aufzustellen, scheiterte am Widerstand der Bewohner des Stadtviertels. Die Mehrheit von ihnen wollte sich nicht die spektakuläre Sicht auf Säntis, die Gallus-Stadt und die umliegenden grünen Hügel durch ein (zu) kompromissloses Kunstwerk verstellen lassen. ■

Kunst des 20. Jahrhunderts: ein Vogelmosaik von Georges Braque (unten).

Alberto Giacomettis Stehende (links oben), Luciano Fabros Installation (rechts) und ein Wandteppich von Pierre Soutages (links unten).

Der St. Galler Künstler Josef Felix Müller ist mit seinen Holzplastiken über die Schweiz hinaus bekannt geworden.

MUSEUM

Moderne Kunst findet sich vielerorts im Stadtbild, wenn sie auch nicht immer geschätzt wird. Diskutiert, umstritten und sogar gehasst sind Richard Serras rostende Eisenplastik vor dem Kunstmuseum (linke Seite) und Roman Signers roter Fassbrunnen.

Ein Publikumsliebling dagegen ist der Gaukler-Brunnen des St. Galler Künstlers Max Oertli (Mitte), den Serras Eisenflügel einrahmen. Eine ganz andere, aber ebenfalls umstrittene Kunstform pflegen die zahlreichen Graffitikünstler und -künstlerinnen (unten).

Die Olma im Oktober ist die größte Messe für Land- und Milchwirtschaft der Schweiz. Ihr Höhepunkt ist der Olma-Festumzug, der alljährlich einem großen Publikum Schweizer Folklore, Brauchtum und Geschichte vorführt.

FEIERN MIT TRADITION

Das St. Galler Kinderfest, das alle drei Jahre an einem schönen Tag im Juni stattfindet, ist für viele Stadtbewohner und Heimweh-St. Galler das Fest der Feste, und im Vorfeld werden alle zu Meteorologen. Die Spannung steigt von Verschiebung zu Verschiebung. Ist es soweit, ruhen politisches und wirtschaftliches Leben in der Stadt, ohne dass ein Gesetz dies vorschreibt. Vorschrift dagegen ist, dass das Kinderfest vor Beginn der großen Sommerferien im Juli stattfinden muss.

Bereits am Vorabend verkünden Trommler, Tambouren und Pfeifer:

Morgen ist es soweit. Der Tag beginnt um sechs Uhr früh. Gewaltige

Beim Kinderfest ist die Bratwurst für aktive Teilnehmer gratis.

Böllerschüsse wecken Kinder und Erwachsene, die Innenstadt ist beflaggt, sogar von den Kirchtürmen wehen Fahnen. Um neun Uhr startet der Umzug, angeführt von einem Mitglied der Stadtregierung. Ihm folgen, nach Schulklassen geordnet und begleitet von Musikkapellen, rund

6000 festlich gekleidete Kinder und Jugendliche

und etwa 1000 Lehrer, Schulräte und Musikanten. Der Zug zieht durch die Gassen der Innenstadt und endet auf dem Rosenberg. Hier beginnt auf verschiedenen Bühnen ein reiches Programm mit Tänzen, Theaterstücken und Sketches, die von den Schülerinnen und Schülern eingeübt wurden. Vor allem eines aber darf bei keinem Kinderfest fehlen: die fast ein Viertelkilo schwere Kinderfestbratwurst, die eigens für diesen Tag hergestellt wird. Alle, die aktiv am Fest teilnehmen, bekommen sie traditionsgemäß gratis.

Die verschiedenen Wurzeln des Kinderfestes liegen im Mittelalter. Im Kloster St. Gallen wurde damals das Gregorius-Fest begangen. An diesem Tag wählten die Schüler unter sich einen Schulabt, der für einen Tag regieren durfte. An den städtischen Schulen war das Gregorius-Fest für die Mädchen Maientanz, für die Knaben Waffenschau. Als ein weiterer Vorgänger des heutigen Kinderfestes gilt das Rutenfest. Der Tag, an dem die Kinder im Wald die Zweige für Züchtigungsruten ihrer Lehrer suchen mussten, war schulfrei und – so seltsam es klingt – ein Festtag.

Ab und zu gab es dann noch die »Egg«,

einen besonderen Spieltag für alle Kinder. Aus diesen verschiedenen Traditionssträngen hat sich das St. Galler Kinderfest in seiner heutigen Form entwickelt. Seit 1825 findet es auf dem Rosenberg statt und ist seither immer wieder verändert

worden. Ging es anfänglich vor allem darum, die Früchte bürgerlicher Pädagogik und schöne Kleider aus der Textilstadt St. Gallen vorzuführen, stehen heute die Kinder und die Freude am Fest im Vordergrund. Viel jünger als das Kinderfest ist St. Gallens zweites großes Fest, die

Olma, die seit 1942 immer im Oktober stattfindet. Aus einer regionalen Agrarmesse ist die größte Schweizerische Messe für Land- und Milchwirtschaft geworden, die an elf Tagen über 400 000 Besucher in die Gallusstadt lockt. Für viele St. Galler und St. Gallerinnen stehen aber nicht Kühe und Maschinen im Vordergrund. Für sie sind die inzwischen schon legendäre Degustationshalle 7 und der große Jahrmarkt die Hauptanziehungspunkte dieser Messe. ■

Anfänglich war das Kinderfest auch eine Leistungsschau der Stickereiindustrie, heute ist es ein Tag der Freude und des Spiels.

DREI WEIHER LADEN ZUM BADE

Das Wasser von »Drei Weieren« stürzt später durch die Mülenenschlucht.

Mit dem Schräglift geht es im Tunnel durch die erdgeschichtlich bemerkenswerte Mülenenschlucht, wo der heilige Gallus in die Dornen fiel und St. Gallens Geschichte begann, dann noch einige Schritte in die Höhe, und schon liegen sie vor dem staunenden Besucher: Drei Weiher, jeder von ihnen

etwas über 200 Meter lang und 100 Meter breit –

ein St. Galler Kleinod, in der lokalen Mundart »Drei Weieren« genannt. In diesen kleinen Seen baden die St. Galler und St. Gallerinnen seit dem 17. Jahrhundert zum Nulltarif. Und heute sind die recht tiefen Weiher mit ihrem algengrün gefärbten Wasser beliebter als die künstlich angelegten Freibäder der Stadt.

Aber auch die Drei Weieren sind nicht natürlich entstanden, sondern wurden vom Kloster angelegt, um die Wasserversorgung für Mühlen, Stadtkanäle und die Leinwandindustrie sicher zu stellen. Möglicherweise nutzte sie das Kloster auch als Fischweiher. Am mittleren Weiher erinnert ein idyllisches barockes Häuschen mit sechseckigem

Im »Mannenweiher« (vorherige Doppelseite) darf zum Nulltarif gebadet werden, der mittlere der drei Weiher (unten) eignet sich nicht mehr dazu; er ist verschlammt.

Turm von 1677 an die Anfänge dieser von Menschenhand gestalteten romantischen Weiherlandschaft. Ursprünglich gab es keine Badeeinrichtungen, erst später wurden Badehäuschen und Stege erstellt. Die jetzigen, im altdeutschen Stil gehaltenen »Badeschlösschen« stammen aus der Zeit der Jahrhundertwende. Mit strengen Auflagen versuchten die Stadtoberen Klagen über

»allerhand ohnanständige, ohnerbare Unfuogen«

entgegenzutreten, doch das Ende des Ancien Régime lockerte auch hier die Badesitten. Ältere Bürger erinnern sich aber noch gut an die Zeit, als die drei Weiher in ein Männer-, ein Frauen- und ein Fami-

lienbad unterteilt waren. Davon ist einzig ein eifrig genutztes Weiherabteil für Frauen übrig geblieben.

Von den Drei Weieren lassen sich kurze oder ausgedehnte Spaziergänge unternehmen. In östlicher Richtung führt der Höhenweg an der 1905 zu Ehren des damals vor genau 100 Jahren verstorbenen Dichters Friedrich Schiller gepflanzten Linde samt Gedenkstein vorbei zum Kapuzinerinnenkloster Notkersegg. An der Pforte des 1318 gegründeten Klosters sind gebackene Krapfen erhältlich, deren Rezept zu den gut gehüteten Geheimnissen des Klosters gehört.

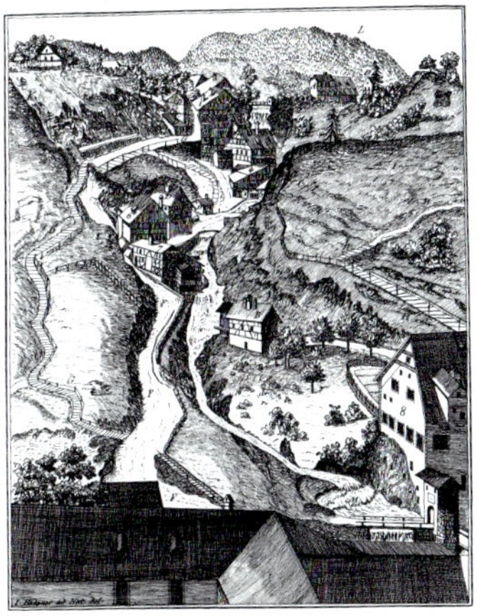

Anblick der Mülenenschlucht vom Kloster aus im 18. Jahrhundert.

Auch in westlicher Richtung lässt es sich gemütlich spazieren,

etwa zum Restaurant Falkenburg, einem hübschen »Schlösschen«, das einst den Bürgermeistern der Stadt als Sommerresidenz diente. Dem Spaziergänger liegt die Stadt in ihrer ganzen Länge zu Füßen. Sie gemahne an ein »langhingestrecktes Weib«, so hat die St. Galler

Die »Drei Weieren« lohnen immer einen Besuch, ob zum sommerlichen Baden, zur Einkehr in der Falkenburg mit Panoramablick auf die Stadt oder zum Winterspaziergang.

Schriftstellerin Christine Fischer diesen Blick mit einem originellen Vergleich beschrieben. ■

Auf den Kunstfelsen des 1892 eröffneten Wildparks Peter und Paul tummeln sich Gemsen und Alpensteinböcke. Hier begann 1911 mit fünf gezüchteten Jungtieren die Wiederansiedlung des Steinbocks in den Schweizer Alpen. Heute wird der Bestand auf rund 15 000 Tiere geschätzt.

Ausflugsziele um St. Gallen: Der imposante Säntis (großes Bild), dem das Appenzellerland mit seinen verträumten Gehöften vorgelagert ist (rechts Mitte) und der weitläufige Bodensee mit der Hafenstadt Rorschach (rechts oben und unten).

Sechs Monate frieren, sechs Monate heizen, so hat ein Zeitgenosse spöttisch das oft harsche St. Galler Klima beschrieben. Der Winter ist tatsächlich lang, doch sorgt er auch für zauberhafte Winterstimmungen.

Zu den klimatischen Besonderheiten gehört der Föhn, der selbst im Winter das Thermometer auf frühlingshafte Werte steigen lässt.

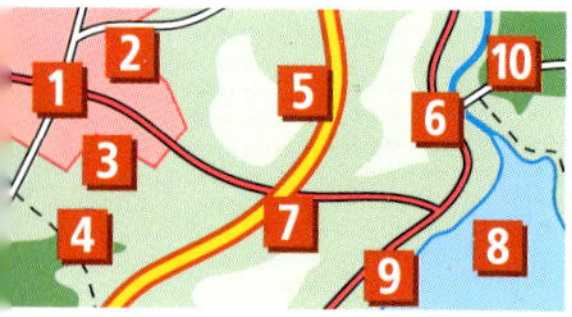

AUF EINEN BLICK

1 Botanischer Garten

Orchideen, Sukkulenten, Gift- und Heilpflanzen – rund 8000 verschiedene **Pflanzen** im Freiland und unter Glas geben einen interessanten Überblick über die **Vegetation der Erde**. Freier Eintritt!
(Stephanshornstraße 4; geöffnet tägl. 8–12 Uhr und 13.30–17 Uhr; Trolleybus-Verbindung: Linie 1, Richtung Stephanshorn)

2 Grabenhalle

Im selbst verwalteten Treffpunkt der alternativen Kultur wird ein reichhaltiges Programm geboten: **Theater, Konzerte und Workshops**.
(Blumenbergplatz; Programmvorschau: Tel. 0 71/2 22 80 22)

3 Historisches Museum

Eine **reichhaltige Sammlung** zur Geschichte, Volkskunde und Frühgeschichte der Region birgt das Historische Museum neben Anschauungsmaterial zur **textilen Wirtschaftsgeschichte**. Im gleichen Haus befindet sich die bemerkenswerte **Völkerkundesammlung** zu Asien, Afrika, Indianer- und Inuitkulturen.
(Museumstraße 50; geöffnet Di–Sa 10–12 Uhr u. 14–17 Uhr, So 10–17 Uhr)

Kleinkunst in der Kellerbühne (oben), moderne Kunst von Alicia Penalba auf dem Gelände der Universität (oben rechts). Unten: ein Blick ins Historische Museum.

4 Kellerbühne

St. Gallens 1965 gegründete **Kleinbühne** hat den Ruf, eines der besten Kleintheater der Schweiz zu sein. Hier wird ein **abwechslungsreicher Mix** aus lokalen und internationalen Produktionen der Kleinkunst geboten.
(St. Georgenstraße 3; Programmvorschau: Tel. 0 71/2 23 39 59; Kartenvorverkauf: Tourist Information)

5 Kunst an der Universität

Die Liste der Künstlernamen, deren Werke in den Räumen der **Universität** und auf dem **Gelände** zu entdecken sind, liest sich wie ein »who's who« der zeitgenössischen Kunst.
Ein Großteil der **Kunstwerke** ist während der Öffnungszeiten frei zugänglich. Ein **Trolleybus** *(Linie 5, Richtung Rotmonten)* fährt regelmäßig vom Bahnhof zur Universität.
(Auskünfte: Tel. 0 71/2 24 21 11)

6 Kunstmuseum

Die berühmten **Segantini-Bilder** sind ein Teil der St. Galler Kunstsammlung, die auch eine beachtliche Sammlung internationaler zeitgenössischer **Skulpturen** besitzt.
Regelmässig **Wechselausstellungen**.
(Museumsstraße 32; geöffnet Di–Sa 10–12 Uhr und 14–17 Uhr, So 10–17 Uhr)

Jugendkultur im »Ozon« (links), UNESCO-Kulturerbe der Menschheit: der Stiftsbezirk (rechts).

Open-Air St. Gallen
Dieses **Festival** der Rock-, Pop- und Jazzmusik findet seit 1977 alljährlich am letzten Juni-Wochenende statt.
Musik und rund 25 000 Besucher und Besucherinnen mit Zelten verwandeln das Gebiet unter der Sitterbrücke in ein **Mini-Woodstock**.
(Infoline: Tel. 0 71/2 22 21 21)

7 Puppentheater
Im zweifellos reizendsten Theater St. Gallens sind meist selbst geschriebene und erarbeitete Stücke für **Kinder und Jugendliche** zu sehen, aber auch **Produktionen für Erwachsene** stehen auf dem Programm. Gespielt wird üblicherweise am Mittwoch- und Samstagnachmittag von September bis April.
(Lämmlisbrunnenstraße 34; Programmvorschau: Tel. 0 71/2 22 60 60; Kartenvorverkauf: Tourist Information)

8 Stadttheater
Mit einem stadteigenem Ensemble werden die Zuschauer mit Schauspielen, Opern, Operetten und Ballettchoreographien in die **Theaterwelt** entführt.
(Museumstraße 24; Vorstellungen tägl.; Spielplanvorschau: Tel. 0 71/2 42 06 66; Kartentel. 0 71/2 42 06 06)

9 Stiftsbezirk
Das kulturhistorische Herzstück der Stadt St. Gallen ist ohne Zweifel der Stiftsbezirk mit der **Kathedrale** (tägl. geöffnet von 9 – 18 Uhr). Hier lockt auch die **Stiftsbibliothek** mit anspruchsvollen Wechselausstellungen und im **Lapidarium** lässt sich mittelalterliche Architekturplastik bestaunen.
(Stiftsbibliothek: Klosterhof 6 c, geöffnet Dez.–März: Mo bis Sa 9 – 12 Uhr und 13.30 – 16 Uhr, April – Nov.: Mo bis Sa 9 – 12 Uhr und 13.30 – 17 Uhr, So 10 – 12 Uhr und 13.30 – 16 Uhr. Lapidarium: Klosterhof 6 d, geöffnet Nov. – Jan.: 1. Sa des Monats 14 – 16 Uhr, Juni – Okt.: Mi und Sa 14 – 16 Uhr)

10 Textilmuseum
Spitzen, Stickereien, Musterbücher – St. Gallens einst wichtigster Wirtschaftszweig hat sein eigenes Museum (rechts).
(Vadianstraße 2, geöffnet Nov.–März: Mo – Fr 10 – 12 Uhr und 14 – 17 Uhr; April – Okt. auch Sa 10 – 12 Uhr und 14 – 17 Uhr)

11 Tonhalle
Seit der Renovierung (1993) der 1909 eröffneten Tonhalle hat das **Sinfonieorchester St. Gallen** wieder eine feste Bleibe. Jährlich finden hier rund zwei Dutzend Konzerte, dazu mindestens acht Kammermusikabende sowie Gastkonzerte statt.
(Museumstraße 25; Information: Tel. 0 71/2 42 05 05; Kartenvorverkauf: Billettkasse Stadttheater)

12 Wildpark Peter und Paul
Berühmt ist der Wildpark wegen seiner **Alpensteinbock-Kolonie**, daneben sind aber auch viele **einheimische Tiere** wie Hirsche, Rehe, Gemsen, Murmeltiere, Wildschweine und Luchse hier zuhause. Einzig St. Gallens Wappentier, der Bär, fehlt. *(Eintritt frei; Trolleybus-Verbindung: Linie 5, Richtung Rotmonten)*

13 Touristeninformation
Weitere Informationen erteilt die Tourist Information St. Gallen, Bahnhofsplatz 1 a, 9001 St. Gallen, Tel. 0 71/2 27 37 37.

1 13
Diese Nummern (1 – 13) sind Positionsangaben und beziehen sich auf die Karte Seite 2 – 3

CHRONIK DER STADT ST. GALLEN

612 Gallus lässt sich am Steinachfluss nieder.

719 Otmar gründet das Galluskloster.

747 Die Ordensregel des heiligen Benedikt wird eingeführt.

800 Die Klosterschule zählt bereits 300 Schüler.

Oben: Zeitmessung am altehrwürdigen Waaghaus, unten: der Stiftsbezirk.

Auf dem Marktplatz steht das Denkmal von Vadian, dem Reformator St. Gallens.

926 Die Ungarn überfallen das Galluskloster.

937 Ein Brand zerstört das Kloster.

953 Das Dorf St. Gallen wird ummauert und bekommt damit städtischen Charakter.

1086 Früheste Erwähnung der Stadtbewohner als »Bürger«.

1228 Der Marktplatz ist durch die Stiftungsurkunde bezeugt.

1281 Die Bürger und Bürgerinnen der Stadt St. Gallen erhalten von Rudolf I. von Habsburg den sogenannten Freiheitsbrief (Gerichtsbarkeit).

1314 Ein großer Brand zerstört Kloster und Stadt fast vollständig.

1329 Die Stadt verbündet sich mit den Waldstätten und unterhält rege Beziehungen zu den Städten des Bodenseeraums. Zwei Jahre später tritt sie dem großen schwäbischen Bund bei.

1349 Den St. Galler Juden wird die Schuld am Ausbruch der Pest zugeschoben. Es kommt zu einem Pogrom.

1373 Streit zwischen Stadt und Abt, der zu Gunsten des Klosters geschlichtet wird.

1403/08 Die Appenzeller Kriege beunruhigen die Bevölkerung.

1454 St. Gallen schließt mit den Eidgenossen einen ewigen Bund.

1457 Die Stadt löst sich völlig vom Kloster und wird politisch selbständig.

1524 St. Gallen entscheidet sich für die Reformation, deren wichtigster Befürworter der Humanist und Arzt Vadian (1481–1551) ist, und wird zur evangelischen Stadtrepublik.

1529 Das Kloster wird von den Reformierten besetzt. Im Bildersturm gehen wertvolle Kunstwerke verloren.

1567 Zwischen Kloster und Stadt wird eine Schiedmauer errichtet.

1629 Die Pest sucht St. Gallen und die umliegende Landschaft heim. Der Dreißigjährige Krieg bremst den wirtschaftlichen Aufschwung der Stadt.

1751 Die Stickereiindustrie entwickelt sich und überflügelt bald das alte Leinwandgewerbe.

1755 Der Bau der heutigen Kathedrale (Stiftskirche) und der umliegenden Klosterbauten beginnt (Ende 1772).

1773 In und um St. Gallen arbeiten etwa 6000 Sticker und Stickerinnen. Bis 1790 steigt die Zahl der Beschäftigten auf 30 000.

1798 Die Helvetische Republik wird ausgerufen. St. Gallen ist Hauptort des Kantons Säntis und mit rund 8000 Einwohnern die fünftgrößte Stadt der helvetischen Republik.

1805 Das Klostervermögen wird aufgeteilt.

1829 Die ersten Stickereimaschinen kommen nach St. Gallen.

1847 Das seit 1823 bestehende Doppelbistum St. Gallen-Chur wird aufgelöst und St. Gallen wird zu einem selbständigen Bistum mit Bischofssitz.

1865 Die Maschinenstickerei setzt sich endgültig durch: Es sind bereits über 600 Handstickmaschinen in Betrieb.

1881 Die heute noch benutzte Synagoge wird eingeweiht.

1898 Die St. Galler Stickerei wird wichtigstes Exportgut der Schweiz.

1914 Der Erste Weltkrieg führt zu einem Einbruch in der Stickereiindustrie.

1918 St. Gallen verschmilzt mit den Außengemeinden zur heutigen Stadt.

1929 Der Umsatz der Stickereiindustrie ist gegenüber 1905 um 40 % zurückgegangen.

1967 Die Innenrestaurierung der Kathedrale beginnt.

1983 Die UNESCO erklärt St. Gallens Stiftsbezirk zum Weltkulturerbe.

Im 19. Jahrhundert wurde die Stickereiindustrie zum wichtigsten Exportzweig der Schweiz.

Der Wohlstand drückte sich in prächtigen Jugendstil-Geschäftshäusern aus (links), aber auch in eleganten Wohnquartieren (rechts).

Der »Tröckneturm« im Westen der Stadt. An der Auskragung wurde frischgefärbtes Tuch zum Trocknen festgemacht.

Wirtschaft zur Alten Post
Blumenhaus
1552
Schützengartenbier
Wirtschaft im 1. Stock
4
6

REGISTER

Neue Bestimmung: Die alte Post beherbergt heute einen Blumenladen und eine der beliebten Erststockbeizen.

Linienplan **VBSG**

Ihr Weg ist unser Ziel

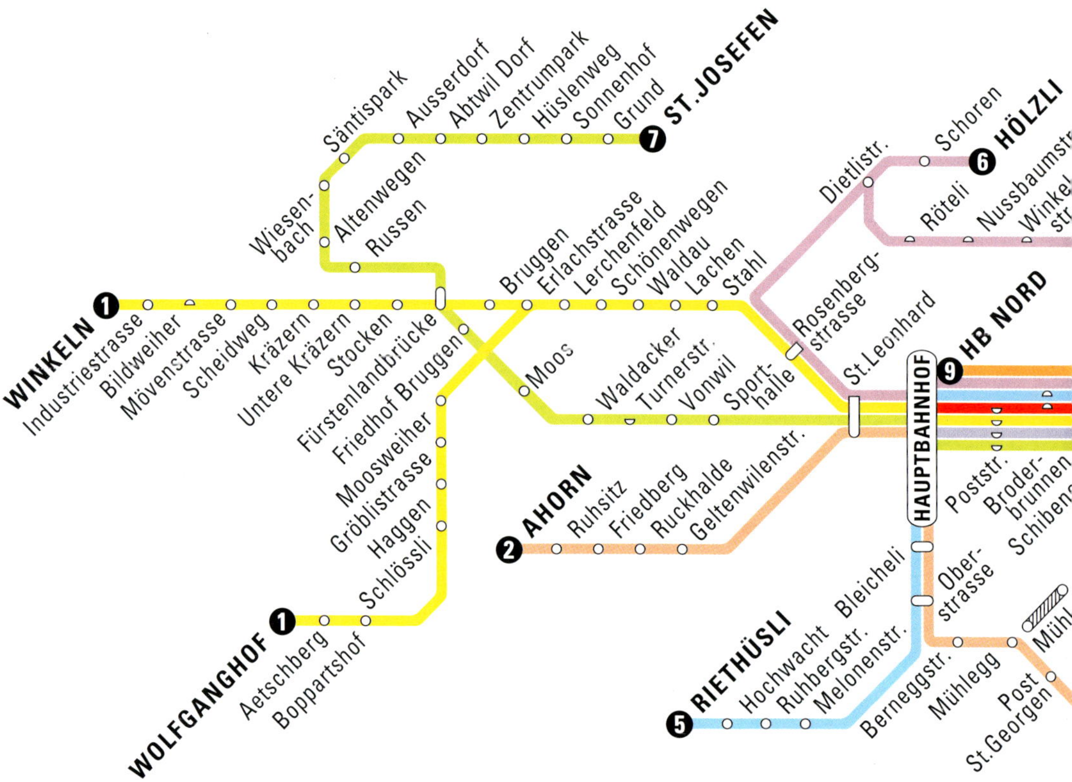